AF491511

Months	Colors
Birthday	Transport
Animals	Cooking
Girls names	Travel
Boys names	Double 'o'
Fruits	Ends in 'er'
Vegetables	Army
Jobs	Birds
Words Starts with a 'C'	Numbers
Words Ends with a 'F'	Shapes & sizes
Family	Cats names
Sports	Dogs names
School	Park
Hobbies	Spring
Clothes	Winter
Farm	Words Ends with a 'L'
Double 'e'	Words Starts with a 'R'
Starts with a 'T'	Summer
House	Hospital
Airport	Science
Astronomy	Some US states
Body parts	More US states

About time

Five letters words

Six letters words

Seven letters words

Words Ends with a 'M'

Words Starts with a 'I'

Weather report

Nature

Days

Halloween

Olympics games

In the jungle

Misucal intruments

Drinks

Currency

Baby animals

Pencil case

Words Ends with a 'X'

Famous cars

World capitals

Thanksgiving

At the circus

Food

Animal body parts

Insect

Electricity

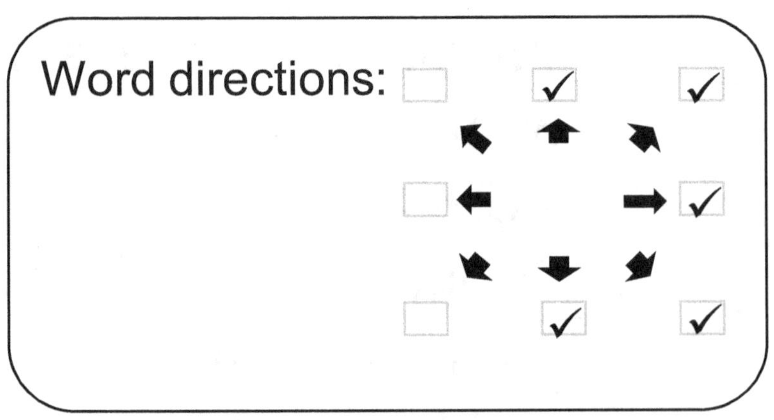

MONTHS

```
D H V Q Z N O T J W
E O B U K E S K O J
C Z M A Y U F U H U
E S V R G N V L C N
M T B U Q A U G R E
B T A P R I L W A R
E T C N I S K T M J
R R N O V E M B E R
J U L Y C G U V G G
R P F J A N U A R Y
```

- January
- March
- April
- May
- June
- July
- August
- November
- December

BIRTHDAY

```
G C H O C O L A T E E
E I I B A P Y W M I
Y M F L A G D E O J
D Y G T G L L Q T C
N Z F J C D L S D L
A Z K C N J I O Y O
C C H A R D Q X O W
A A C C R D G K G N
C K C P O P C O R N
G E S T R E A M E R
```

- Balloon
- cake
- Candy
- Chocolate
- Candle
- Streamer
- Clown
- Gift
- Popcorn

ANIMALS

```
O R P G I   W E O J R
X E G V R A B B I T
Z E A K U J E C C L
Z D C Y X S W R P E
K U J K R T V P H R
D A F O K E G O G R
J O H R S O L S D I
O C H J D P O R C U
O K O C L I O N A Q
Z B R W X Q Y M T S
```

- dog
- cat
- cow
- rabbit
- duck
- deer
- horse
- squirrel
- lion

GIRLS NAMES

```
D  P  Y  K  X  M  T  Y  G  Z
C  A  K  A  L  A  N  N  G  R
H  L  Z  I  V  A  U  F  E  W
A  L  A  H  K  V  E  P  C  W
R  E  I  P  K  A  R  M  F  Q
L  B  L  O  E  A  O  A  M  C
O  A  E  S  H  E  W  K  T  A
T  S  M  L  O  L  I  V  I  A
T  I  A  J  Z  P  G  K  F  S
E  W  K  G  N  I  C  O  L  E
```

- Emma
- Olivia
- Ava
- Isabella
- Sophia
- Charlotte
- Nicole
- Amelia
- Harper

BOYS NAMES

```
C U R B U T N M I O
S B F V O O A Y D L
E F A N S I O L A E
M R J K L Y Q L N A
A F C L R X N U I H
J A I N C N B C E C
J W E Y Z R K A L I
T H M Z W T C S V M
A L E X A N D E R Q
F U U F O L I V E R
```

- William
- James
- Oliver
- Lucas
- Alexander
- Michael
- Daniel
- Henry
- Jackson

FRUITS

```
D K V H N K Y C I H
B A N A N A L R E C
T X A I L K E F P O
T L R P A E K L A A
W D K K R P M B R V
J E F C D I P O G O
M A N G O B C L N C
C W Z M R D O O E A
O R A N G E Z P T D
D N C Z P E A C H O
```

- Apple
- Apricot
- Avocado
- Banana
- Orange
- Mango
- Lemon
- Grape
- Peach

VEGETABLES

```
O J Q W P E P P E R
B R O C C O L I L U
E G G P L A N T R Z
P O T A T O N E X T
M U D V A I B W O C
B L J U K M R R V T
A G O P U T R N M U
E Q M C A A I N L W
P U U W C O N I O N
P C Q L E T T U C E
```

- carrot
- broccoli
- cucumber
- onion
- potato
- pepper
- eggplant
- lettuce
- pumpkin

A B C D E F G H I J K L M N O P Q R S T U V W X Y Z A

JOBS

L	Z	R	I	Z	Q	U	E	F	B
M	O	E	V	M	B	S	L	O	Y
U	U	K	J	Y	R	V	Y	A	V
K	B	N	J	U	E	J	C	J	Y
K	G	A	N	P	C	R	M	U	D
R	C	B	I	X	O	W	A	D	O
D	I	R	E	C	T	O	R	G	C
V	M	A	N	A	G	E	R	E	T
P	R	E	S	I	D	E	N	T	O
L	W	E	N	G	I	N	E	E	R

- president
- director
- manager
- banker
- doctor
- nurse
- teacher
- judge
- engineer

Z A B C D E F G H I J K L M N O P Q R S T U V W X Y Z

STARTS WITH A 'C'

```
C H I L D R E N N J
C R I M E W C Y T I
E C W O J Z O R H V
G C R C L R M O C W
E R A A D V P G A Q
L W S N F Q A E O V
L E Z C C T N T C N
O Z J Z M E Y A G O
C H O I C E R C U A
Y T I B N I X N Y Q
```

- children
- category
- company
- college
- choice
- cancer
- coach
- crime
- craft

ENDS WITH A 'F'

```
C J E A I Y F N U K
T A K E O F F V G H
H I M S E L F W Z A
S E V S F F S P M P
T X O L H C W B A G
A F O T V E D P S D
F G N O O G R K S V
F M O T I F P I I A
K F P R O O F G F M
H G S P I N O F F M
```

- takeoff
- staff
- proof
- massif
- spinoff
- golf
- motif
- sherif
- himself

FAMILY

```
P H U S B A N D R F
D P S T Z D R X E A
A E O U Z E J R H T
U M N V T B E E T H
G V W S J H I L O E
H Q I D T Q T C M R
T S G O V F I N C F
E S R N K N K U P Q
R B L W I F E O X S
Z R R P E P W O O O
```

- father
- wife
- uncle
- mother
- brother
- son
- husband
- sister
- daughter

SPORTS

<pre>
F G O L F O O M H V
B A S K E T B A L L
S S O S J H J G S L
O J H R G X N A L B
C V C B Y I G A S O
C Z N B L P B I X X
E J G C J E N A P I
R U Y M S N Y T T N
R C I A E V T F N G
A N B T H O C K E Y
</pre>

- boxing
- cycling
- baseball
- basketball
- tennis
- golf
- hockey
- rugby
- soccer

SCHOOL

```
P L O Y C T S T J S
L E T H L C S X T R
I S N O A K E Z G E
B S E M S R D Y D H
R O D E S I A Z Y C
A N U W R X R T J A
R X T O O G G K Z E
Y F S R O V S I V T
R O U K M E U L G Y
C C Y S D Q W B S X
```

- desk
- grades
- library
- student
- teacher
- quiz
- lesson
- homework
- classroom

HOBBIES

```
C O O K I N G J X D
E J T J Y S X R M P
G D X K O I R R Q I
N A U C G N A E U U
I N B P A G C A V N
W C W A O I T D H R
A E U I H N I I H O
R E I K A G N N M M
D S U R Q R G G J U
I L F A S H I O N H
```

- Acting
- Reading
- Humor
- Cooking
- Dance
- Singing
- Drawing
- Fashion
- Yoga

A B C D E F G H I J K L M N O P Q R S T U V W X Y Z A

CLOTHES

D	K	S	H	O	R	T	S	X	T
H	W	K	I	R	R	T	T	Y	I
P	H	L	F	B	E	R	C	C	U
Y	W	I	U	K	I	S	O	R	S
J	K	Y	C	H	U	E	A	E	K
A	Q	A	S	G	J	O	T	T	C
M	J	-	H	T	E	H	Z	A	A
A	T	N	X	F	A	S	F	E	R
S	L	K	Z	Z	N	R	J	W	T
Q	B	T	J	I	S	D	P	S	O

- T-shirt
- sweater
- jacket
- coat
- jeans
- shoes
- shorts
- tracksuit
- pyjamas

Z A B C D E F G H I J K L M N O P Q R S T U V W X Y Z

FARM

```
E  Y  R  W  R  U  R  A  L  N
L  F  O  G  P  G  T  S  W  O
T  A  T  R  O  O  M  O  C  I
T  R  A  U  Q  A  C  C  R  T
A  M  V  B  R  Q  T  Q  O  A
C  E  I  E  A  B  V  Y  T  T
E  R  T  V  N  H  Z  Q  C  N
K  D  L  B  C  J  N  X  A  A
R  D  U  L  H  J  J  J  R  L
F  H  C  A  V  P  J  B  T  P
```

- ranch
- cow
- goat
- farmer
- rural
- cattle
- tractor
- cultivator
- plantation

DOUBLE 'E'

```
M E N G I N E E R X
F A O I S U J E R E
R Z G N Y W R E L M
E N B R C F E Z A O
E X N E E D R E H D
L T E P T E E K T E
A Q E E T W M Z A E
N R R E O A E E A R
C E C H S A L E N F
E P S S V F G O N T
```

- agreement
- freelance
- engineer
- between
- freedom
- screen
- sweet
- sheep
- deer

STARTS WITH A 'T'

L	O	B	T	Z	G	Q	Z	T	E
B	X	I	K	E	E	M	E	O	Z
C	P	U	R	C	A	G	M	W	E
T	A	N	A	A	R	M	S	N	K
K	I	R	D	A	M	T	I	J	T
D	T	C	T	P	D	O	R	L	R
X	A	F	K	H	B	O	U	A	A
G	K	W	G	E	Y	T	O	T	V
H	U	O	Q	O	T	H	T	O	E
W	S	F	M	I	W	B	L	T	L

- tourism
- target
- ticket
- total
- trace
- town
- team
- tooth
- travel

HOUSE

```
P P A R K I N G L M
H O K G G X P A O S
J M R P A I P O W P
L O R C F E R T I K
L O G O H H K M N I
A R T Q T W O S D T
H D P A X O Y A O C
I E B R R B S P W H
P B Z T O I L E T E
R N U V O R Q L W N
```

- kitchen
- bedroom
- bathroom
- toilet
- hall
- parking
- room
- porch
- window

AIRPORT

- runway
- plane
- airline
- pilot
- flight
- takeoff
- luggage
- transit
- port

ASTRONOMY

```
E  S  U  P  E  R  N  O  V  A
L  E  Q  T  K  M  S  S  G  S
O  S  Q  E  V  X  O  V  H  U
H  R  F  L  V  Q  L  O  G  N
-  E  P  E  O  Y  S  W  N  A
K  V  L  S  I  X  X  T  W  R
C  I  A  C  D  A  M  O  A  U
A  N  N  O  V  L  F  E  J  R
L  U  E  P  K  A  P  F  B  M
B  N  T  E  V  G  Y  K  J  W
```

- planet
- galaxy
- supernova
- star
- universe
- moon
- black-hole
- uranus
- telescope

A B C D E F G H I J K L M N O P Q R S T U V W X Y Z A

BODY PARTS

H	C	Q	Q	C	C	O	W	U	T
A	H	B	V	E	T	F	P	O	V
N	E	L	A	E	R	I	O	D	G
D	A	I	R	N	A	F	I	C	G
E	D	B	M	K	G	L	X	J	M
F	B	T	H	Z	E	B	A	C	Z
G	A	C	B	Y	L	R	A	L	C
O	Q	C	E	S	E	K	E	C	I
V	F	P	E	U	O	K	X	A	K
C	Z	L	P	E	Y	E	T	Z	X

- Head
- Face
- Eye
- Arm
- Back
- Leg
- Knee
- Foot
- Hand

Z A B C D E F G H I J K L M N O P Q R S T U V W X Y Z

COLORS

```
U K S Y T J A F K D
R B C E G I B A W J
I D U L R N U I H A
G V E L E D P N R R
E F G O E E T I U E
U X N W N L K R N D
L B A L Y P C V V K
B R R T P R A S Q F
J Y O Z Y U L J K K
W H I T E P B N N A
```

- White
- Yellow
- Orange
- Red
- Pink
- Purple
- Blue
- green
- black

TRANSPORT

```
H D G P L G U Y K A
A E G T P H N A C I
G M L H I R R S U R
F E B I B U S T R P
Y L C U C T G A T L
A C L M L O U X V A
W Y G P D A P I D N
B C S I K X N T Y E
U I F H W U V C E F
S B P S S A Z J E R
```

- bicycle
- taxi
- bus
- truck
- ambulance
- ship
- helicopter
- subway
- airplane

COOKING

```
N M I  C R O W A V E
R D M B T I N Q S V
N B G F B H E T D O
X L I Z O X H W A M
S F O G R E C I P E
A Z L G E S T M G C
L R P A R X I N I H
T O O S V I K C U E
S T O V E O L Y B F
P S C O O P R L J B
```

- recipe
- kitchen
- chef
- stove
- grill
- microwave
- flavor
- scoop
- salt

DOUBLE 'O'

```
D R A G O O N L S N
S H F L O O R P O E
N O Z S H B O C O D
L Y S F S O L O W O
B A M B O O Z O G O
O S R X D G G L O W
B O D O O D L E Q D
B E D R O O M A C A
C W P Y Q U M K B J
V W H J F X E M W D
```

- dragoon
- wooden
- floor
- doodle
- bedroom
- oops
- blood
- zoo
- bamboo

ENDS IN 'ER'

```
P  L  B  E  G  I  N  N  E  R
R  A  J  L  A  O  A  N  W  C
E  L  R  V  E  K  U  M  V  O
V  H  Q  T  A  T  R  T  V  M
O  E  B  Q  N  E  T  R  O  P
C  P  E  Z  T  E  Z  E  N  U
G  A  O  P  A  D  R  S  R  T
X  O  A  W  S  Z  U  U  G  E
F  H  K  R  E  A  H  Z  Q  R
C  R  W  M  V  R  P  K  C  Z
```

- computer
- register
- chapter
- partner
- letter
- power
- cover
- beginner
- user

PARK

E	F	S	E	R	J	P	S	O	S
P	C	E	N	O	V	K	Q	H	Z
A	F	D	J	N	F	N	A	M	S
C	O	I	O	M	A	I	Z	E	A
S	U	U	Y	G	R	T	E	S	Y
D	N	G	D	O	A	R	U	A	R
N	T	S	T	U	T	R	P	R	C
A	A	C	Y	F	F	N	D	S	E
L	I	O	M	G	W	J	Q	E	J
V	N	M	P	I	C	N	I	C	N

- garden
- trees
- guide
- nature
- picnic
- enjoy
- landscape
- fountain
- victoria

NUMBERS

D	X	P	L	Y	Y	N	Q	D	S
Y	Z	M	N	T	N	E	J	Q	L
O	Q	Q	I	W	E	V	S	F	B
N	R	P	N	E	E	E	C	R	V
E	E	B	E	N	T	S	B	H	E
V	U	I	W	T	F	N	J	T	V
E	T	P	G	Y	I	F	I	H	L
L	U	W	A	H	F	F	H	J	E
E	V	C	O	K	T	Y	A	W	W
B	U	T	H	R	E	E	M	U	T

- seven
- eight
- three
- twelve
- eleven
- twenty
- fifteen
- nine
- two

TRAVEL

```
X R P T P R G W F P
Q A U I T X J T L M
M W R N K H O N I S
O T Q O M Z U E G I
C R U I S E R M H R
L W R T C S N E T U
K M V A X S E V O O
P L Z C T R Y O X T
Q F B A F W S M J Z
Q N L V K H O T E L
```

- trip
- map
- tourism
- vacation
- flight
- journey
- cruise
- hotel
- movement

ARMY

```
L Z F I G H T E R S
M W U B F N S P H W
P O L I C E M E N R
P B J R G H Y S A T
O F F I C E R W T H
P K M I L I T A R Y
E F N A V Y F L O T
C O L O N E L T O H
W P E T V W W H P A
D E F E N C E S S F
```

- military
- colonel
- navy
- officer
- troops
- fighters
- defence
- policemen
- war

BIRDS

```
G Q E O T T F Z W O
W E I W K B V Q A Y
I Y U L N E U E L T
N X G F D A L Z B O
G Q C E A K T F A R
Y U T A E R U Q T R
S A B T G S R A R A
N I Z H L J E B O P
K L D E C O L M S F
P E I R X A Y O S B
```

- vulture
- owl
- parrot
- wing
- beak
- geese
- albatross
- feather
- quail

SHAPES & SIZES

```
R E C T A N G L E J
R P T R I A N G L E
E O P C V O B V Q L
R L L J I F B K V I
E Y S M S R V O T D
H G Q E R M C C J E
P O U D V M A L V G
S N A I S C L L E R
C E R U A O T Y L A
N A E M A J M J B L
```

- circle
- polygone
- square
- triangle
- small
- medium
- large
- sphere
- rectangle

CATS NAMES

```
V R S I K F M A F B
R E X O D R J A V S
A G O O S C A R X I
B G E D C X I L Z O
M I R X G C R H S G
I T O M Y L A Y B Y
S D K P S E O H T U
U M M B S O H T Z N
N A K M I X I T V Y
S G F J M K T U N Y
```

- Max
- Sam
- Kitty
- Simba
- Tigger
- Cleo
- Oreo
- Oscar
- Missy

DOGS NAMES

T	N	X	V	E	O	H	O	M	D
Z	W	L	M	I	T	H	S	Y	L
D	N	O	T	S	A	D	D	Q	A
K	S	S	M	O	K	D	L	B	R
C	C	C	I	R	U	P	O	J	T
A	I	A	L	B	K	S	L	Y	E
J	Q	R	O	R	Y	R	A	C	D
X	Y	Y	B	N	B	H	X	U	D
Z	P	E	Q	N	O	H	E	L	Y
K	N	T	Z	Q	T	W	W	C	D

- Rosie
- Lola
- Buddy
- Oscar
- Milo
- Toby
- Lucy
- Jack
- Teddy

SPRING

```
A E B Y P T P Q Q E
G L E A K S I O Z P
K C A N P G C O Q A
O J U U L R N X S C
E X T S M O I D R S
V A Y O G Q C L E D
T I O E K X J F W N
Y L U C O X T F O A
B N A T U R E P L L
G A R D E N P E F U
```

- flowers
- nature
- garden
- landscape
- april
- picnic
- sun
- beauty
- bloom

WINTER

```
C R S N O W M A N N
L A Z S R G U D C T
L I I G P I X E Q
A N C P D S B K Z O
F Y E R P K C B R G
W K J A Z A S K I S
O I E K J C W B D K
N L J H C G V L X J
S O U P K F O C P S
W T E X Z C F K M D
```

- snowfall
- rainy
- cold
- ice
- jacket
- snowman
- skis
- soup
- Leaps

ENDS WITH A 'L'

```
Y  R  E  A  L  C  M  B  N  O
A  F  E  J  A  Q  A  R  X  L
I  W  B  A  N  Z  N  V  C  A
C  A  U  N  G  P  U  K  L  N
L  A  N  Q  E  E  A  R  A  O
O  I  P  I  L  K  L  S  C  I
O  D  E  I  M  G  E  M  O  T
H  N  A  I  T  A  Z  A  L  A
C  M  P  S  K  A  L  L  D  N
S  Y  D  N  Q  X  L  L  C  C
```

- national
- capital
- school
- animal
- small
- local
- angel
- real
- manual

STARTS WITH A 'R'

E R R A Y O N W P C
V E P W U Z O R T O
M F F D Y J B A T L
R L R R D Z C N H R
E E I A E P X D G U
P X I R D G Y O I N
O H X R I I U M R W
R P V L R V O L X A
T U M O K I E J A Y
J B S R V A M R W R

- regular
- report
- random
- right
- river
- radio
- reflex
- runway
- rayon

SUMMER

```
I C E _ C R E A M I
D S U P W A E U Y S
R S W I M M I N G Y
A P B T R A V E L A
O V E O A U R T Q D
B G A I V U N Y D I
F G C U B X G W P L
R S H F J T J U H O
U E U N V O N A S H
S U W N K H P N A T
```

- swimming
- beach
- sun
- holiday
- ice_cream
- august
- hot
- surfboard
- travel

HOSPITAL

```
Y V D K P D Z M C E
C W T N A M J Y O N
N H R L T C F G R I
E T E D H O W O N C
G N A A O S T L U E
R E T G L C V O R D
E I M W O T G I S E
M T E D G P H D E M
E A N B Y H K A M G
F P T Z C I R R U G
```

- patient
- medecine
- nurse
- emergency
- treatment
- radiology
- doctor
- pathology
- health

SCIENCE

```
T  N  N  P  U  G  I  B  T  R
T  Y  S  H  Q  E  Q  R  H  Y
R  G  T  Y  R  O  L  R  E  R
S  O  U  S  G  L  F  A  O  T
H  L  D  I  B  O  S  Z  R  S
T  O  Y  C  D  G  W  G  I  I
A  I  S  S  Q  Y  Q  I  S  M
M  B  C  O  F  L  W  W  T  E
R  A  G  R  O  N  O  M  Y  H
K  N  O  W  L  E  D  G  E  C
```

- physics
- biology
- knowledge
- geology
- chemistry
- maths
- study
- theorist
- agronomy

ABOUT TIME

```
M  S  E  C  O  N  D  S  Q  N
K  O  H  H  O  U  R  S  O  Q
R  P  R  B  G  T  E  O  Q  S
A  E  Y  N  R  C  N  T  L  E
E  W  V  I  I  R  A  H  T  T
Y  Q  Q  E  E  N  O  G  S  U
V  V  B  T  N  Z  G  I  Z  N
L  G  F  T  Q  I  H  N  K  I
S  A  P  Y  G  R  N  P  Z  M
Q  M  O  N  T  H  U  G  U  X
```

- year
- month
- evening
- night
- afternoon
- morning
- minutes
- seconds
- hours

SOME US STATES

```
X T H A W A I I I C
T J S W O W A J E A
C J A E F I T Y A L
H O Z R G R T X L I
O G L R I A B A A F
T S O O K Z D A B O
B E Z S R A O G A R
G Z A Y V A B N M N
D L Z E H S D W A I
A Q N K E Z T O H A
```

- California
- Arizona
- Georgia
- Alabama
- Alaska
- Colorado
- Hawaii
- New_York
- Nevada

MORE US STATES

```
J O K L A H O M A L
W A S H I N G T O N
R A O U T A H O X Y
O T T X O C I S W C
I N D I A N A I C Z
L V H Z T X F E B X
B O L J E B S N S C
U S P T K A N S A S
V I R G I N I A H I
C M I C H I G A N X
```

- Ohio
- Texas
- Virginia
- Washington
- Oklahoma
- Kansas
- Indiana
- Michigan
- Utah

FIVE LETTERS WORDS

W	D	W	G	F	D	F	I	L	A
O	D	Y	I	B	I	H	K	U	N
I	O	H	K	Y	R	O	C	N	G
D	O	M	X	B	A	E	D	C	L
U	L	D	C	M	W	L	A	H	E
A	B	V	U	P	G	V	O	D	J
C	W	B	T	S	N	A	Q	N	F
Q	L	C	L	O	C	K	K	C	E
A	D	P	S	P	Z	Y	T	N	M
D	R	A	F	T	I	I	B	Y	Y

- Angle
- alone
- album
- audio
- blood
- bread
- clock
- draft
- lunch

SIX LETTERS WORDS

```
P W M J C G X S L M
K S D N V F H E X O
V Y O O N S L S S M
R S P R N P B I E E
W T P E O A X L C N
H E E E R X T V R T
X M P S W S R E E A
A F R I C A O R T M
Y L W S B D Q N F F
L Y M F U T U R E H
```

- Silver
- Donate
- People
- Future
- Africa
- Moment
- Person
- System
- Secret

SEVEN LETTERS WORDS

```
R E S P E C T A Z P
O P I N I O N B H L
E B D D W R F I I A
C F L E G X L L S T
N Q O R S O R I T I
E V Y R H K C T O P
S O S O E C T Y R A
B G C F U I D O Y C
A L V H D H G U P Y
A W K H U G C N I W
```

- ability
- absence
- alcohol
- capital
- desktop
- foreign
- history
- opinion
- respect

ENDS WITH A 'M'

```
M C O R G A N I S M
E P O Z B A L J D Z
T T R N P M J B U F
S O O O F Z V H U E
Y R T R B O X C H M
S A M Z M L R V U I
X C A L A K E M I N
H I E K E D N M W I
Y S T J R D Z G P S
F M N K D Y M R B M
```

- organism
- feminism
- problem
- system
- racism
- dream
- album
- team
- conform

STARTS WITH A 'I'

```
G E D I C O N W E K
G T I M A G E D C Y
W U X B X G U E R H
I T L U O L E T P Y
M I V P C H S W L T
P T F N R U L B A C
R S I I D K R P E A
E N X N R L C X D P
S I I H N U X X I M
S S I S L A N D U I
```

- institute
- industry
- include
- impress
- impact
- island
- image
- ideal
- icon

WEATHER REPORT

```
Y  Y  N  J  R  E  M  Z  U  C
X  T  C  B  B  R  N  W  N  A
Z  F  F  L  O  Q  Y  C  I  T
D  G  S  T  I  W  N  H  A  O
C  J  S  U  O  M  T  C  R  H
F  L  M  N  N  Y  A  B  H  C
F  X  S  Q  W  N  Q  T  H  G
C  L  E  A  R  L  Y  U  E  B
Q  T  E  M  P  E  R  A  T  E
R  F  H  C  O  L  D  J  L  B
```

- rain
- cold
- storm
- hot
- sunny
- snowy
- climate
- temperate
- clear

NATURE

D	S	A	V	S	B	L	K	W	M
M	R	T	E	W	A	T	E	R	O
N	I	M	G	A	E	C	L	B	U
A	T	O	Q	T	R	T	W	A	N
E	N	S	Z	F	B	T	E	X	T
C	E	P	M	G	J	S	H	B	A
O	G	H	L	A	K	E	S	X	I
W	Y	E	F	T	B	G	C	U	N
Y	X	R	J	H	I	C	X	M	O
L	O	E	R	I	V	E	R	G	C

- earth
- lake
- sea
- mountain
- oxygen
- ocean
- water
- river
- atmosphere

DAYS

```
S M W A K Z N A Y O
A T O Q W J Z A I R
T U V N W K D T S Y
U E W B D I A S O A
R S W E R A Y F V D
D D W F E F Y T R S
A A J C L K T Q T R
Y Y Z S U N D A Y U
W E D N E S D A Y H
H O L I D A Y S P T
```

- Monday
- Tuesday
- Wednesday
- Thursday
- Friday
- Saturday
- Sunday
- week
- holiday

HALLOWEEN

Y	R	K	Z	Z	X	P	M	J	N
Q	Y	D	O	H	Q	U	J	K	S
R	R	R	G	N	L	A	S	A	S
O	A	A	U	N	Y	A	H	N	E
R	C	C	N	Z	M	L	O	P	N
R	S	U	E	J	O	M	R	R	K
O	V	L	T	T	E	M	D	U	R
H	E	A	W	D	A	C	B	G	A
M	A	K	E	-	U	P	T	I	D
S	H	A	D	O	W	S	M	D	E

- Darkness
- Scary
- Mask
- Dracula
- Make-up
- Shadows
- Horror
- Demon
- Zombie

OLYMPICS GAMES

- sport
- judo
- medals
- champion
- bronze
- silver
- natation
- boxing
- athlete

IN THE JUNGLE

```
N  C  M  I  W  A  S  B  I  F
T  A  G  J  J  W  W  G  R  O
V  E  G  P  L  E  A  R  A  R
B  W  O  C  E  R  M  O  F  E
R  E  I  V  A  E  P  U  A  S
R  H  F  L  G  Y  S  T  S  T
I  W  U  A  D  E  S  B  G  D
A  F  V  T  A  Q  M  A  X  B
L  A  W  O  O  D  S  C  R  I
S  S  O  W  N  Y  O  K  Q  U
```

- forest
- wild
- savage
- swamps
- woods
- safari
- hut
- lair
- outback

MUSICAL INSTRUMENTS

```
E X E N A P W X O Q
X F G F F S I N H L
O P V G V L D A A C
B R O R R O U B N T
O A I A J A M T E O
E H L T A Y O P E H
S Z I I C G M Z B M
N C N U E U L O U A
Q Z J G R C H R W F
V I L T U J D P K K
```

- guitar
- flute
- voilin
- piano
- harp
- drum
- trumpet
- cymbal
- oboe

DRINKS

```
W  L  L  B  C  O  F  F  E  E
A  O  E  E  I  W  Y  X  E  N
T  K  E  M  Q  L  G  H  C  L
E  L  D  Z  O  X  T  H  I  B
R  I  B  I  E  N  V  S  U  Z
U  M  E  D  Q  E  A  A  J  W
C  H  E  B  T  N  Q  D  J  T
N  Q  R  U  E  I  S  N  E  A
S  A  G  U  Q  W  I  V  E  J
A  L  C  O  H  O  L  T  H  F
```

- milk
- beer
- alcohol
- tea
- coffee
- water
- juice
- wine
- lemonade

CURRENCY

R D I R H A M K R E
A J P E S O R A L R
L L B O B U G B A P
L O M O U A U N F F
O R R O T R I O R Y
D U Q N N D M Q A X
E P E K H E Q R N K
Z C R G Y Q Y J C F
B S Y I P T J D X O
S G Q G C W G X X U

- dollar
- money
- franc
- euro
- dirham
- ruble
- cent
- peso
- dinar

BABY ANIMALS

B	K	I	T	T	E	N	X	J	E
M	F	U	F	P	O	A	K	M	J
G	T	B	J	E	N	G	C	D	P
O	G	S	Q	Y	E	M	I	N	U
S	P	X	H	K	W	K	H	K	P
L	Q	P	R	A	J	T	C	I	O
I	E	F	F	X	L	O	W	S	F
N	P	L	L	O	H	E	E	L	I
G	I	W	C	D	G	S	A	Y	Q
C	O	F	N	J	G	C	Q	X	J

- fawm
- chick
- kitten
- colt
- gosling
- joey
- ephyna
- calf
- pup

PENCIL CASE

```
O W T I N T A C K R
P S X F R P R G O Q
E L C A F E Q T S R
N I W I L O A M E N
A C W U S L R S P F
G N R N U S A Q K V
Z E A C Z R O Z Y U
K P L T E V R R K A
B A S T A P L E R P
C G I N K S T A N D
```

- ruler
- eraser
- pencil
- pen
- scissor
- inkstand
- tintack
- stapler
- calculator

ENDS WITH A 'X'

X	L	R	E	L	A	X	P	V	M
E	J	A	H	M	O	K	G	Q	A
L	X	Y	T	B	P	W	H	M	T
P	A	T	X	E	R	S	Y	G	R
M	T	A	O	L	X	U	J	R	I
O	N	O	B	O	F	L	E	X	X
C	Y	V	D	B	L	Q	A	G	F
U	S	J	E	T	X	B	Z	Y	N
I	N	D	E	X	P	L	O	J	Y
X	X	Z	F	I	B	Y	A	X	C

- complex
- matrix
- syntax
- index
- latex
- relax
- flex
- feedbox
- toolbox

FAMOUS CARS

B A L F A R O M E O E O
M E R C E D E S T F
P H T C A M A R O I
B O D I V Z B Z D P
S U R E O P Z M E J
T S G S V F O E W A
R K Q A C I J R Z G
F Q O O T H L O O U
W A O Q W T E L J A
E J L O M Z I F E R

- ALFAROMEO
- JAGUAR
- MERCEDES
- BUGATTI
- PORSCHE
- JEEP
- CAMARO
- BMW
- DEVILLE

WORLD CAPITALS

```
B E R L I N F H Q K
F F W Y T V I M Y T
N A M S T E R D A M
O S J L C H O I L H
B I P C E K Q U O D
S R X D A G J Q N I
I A P M O W V X D R
L P A L Y S U N O D
R B G C K D L N N A
C M O S C O W O D M
```

- Bamako
- paris
- london
- berlin
- Amsterdam
- Oslo
- Moscow
- Lisbon
- Madrid

THANKSGIVING

```
N P I L G R I M S H
R M S U V Z A B B T
O A N F E A S T N H
C Y A A M E R I C A
Y F I V B X E N T N
Q L D W U H I V F K
O O N S V X Z F K F
J W I K Z P I Y C U
C E H A R V E S T L
C R U C C O L O N Y
```

- feast
- harvest
- indians
- pilgrims
- thankful
- america
- colony
- corn
- mayflower

AT THE CIRCUS

```
C E M O N K E Y S G
W D E L E P H A N T
J I A D M O J E Q R
J U M R N N R R C A
N X G W E I A I U P
J O O G W D G I S E
N L R H L A E Y J Z
C Q G K M E C V P E
X I K L M W R L I I
H E C K F Q S K Q L
```

- clown
- magic
- monkeys
- elephant
- daredevil
- highwire
- trapeze
- juggler
- tightrope

FOOD

```
F O R G Q T C Z C S
H O T D O G P M A A
R J C E S U Q K Z N
L B A E B A H M Z D
S F R I R U L X I W
N S L C P E R A P I
U X O H D T A G D C
C J S U Z B P L E H
G I J U P H W V Q R
F S P A G H E T T I
```

- salad
- sandwich
- burger
- cereal
- pizza
- spaghetti
- hotdog
- soup
- fish

ANIMAL BODY PARTS

```
Q  J  S  U  Y  U  D  S  Y  U
W  I  N  G  S  L  K  S  G  Z
S  O  F  Q  B  S  O  B  H  G
H  Y  Y  L  U  W  K  E  U  H
E  F  T  T  I  A  D  A  M  R
L  J  T  A  S  P  M  K  P  B
L  L  U  W  I  Z  P  T  U  U
H  Y  A  H  S  L  N  E  K  O
F  L  Z  I  E  X  T  V  R  Z
C  K  W  H  I  S  K  E  R  S
```

- tail
- claws
- Beak
- shell
- flipper
- whiskers
- hump
- wings
- tusks

INSECT

```
F O M T S O X Z J H
O I L O M E M G T O
B E R A S T M O F R
S L P E D Q M H C N
G T S V F Y U Z F E
V E A L R L B I X T
W E W J W Q Y U T K
A B R K Z X E B G O
N B U T T E R F L Y
T E H N D G K S L L
```

- beetle
- ladybug
- firefly
- butterfly
- hornet
- mosquito
- moth
- ant
- wasp

ELECTRICITY

B	I	J	P	T	G	N	V	O	S
T	O	N	C	A	U	P	N	B	B
N	P	H	S	H	L	I	G	R	A
E	F	W	F	U	P	I	R	O	T
R	S	T	B	J	L	E	R	T	T
R	W	U	O	R	Z	A	B	O	E
U	I	H	W	Z	I	M	T	M	R
C	T	P	U	L	V	G	O	O	Y
G	C	B	D	O	T	P	H	L	R
Y	H	P	E	V	L	B	Q	T	F

- switch
- buzzer
- bright
- motor
- battery
- plug
- insulator
- symbols
- current

SOLUTION

MONTHS

BIRTHDAY

ANIMALS

```
O R P G I W E O J R
X E G V R A B B I T
Z E A K U J E C C L
Z D C Y X S W R P E
K U J K R T V P H R
D A F O K E G O G R
J O H R S O L S D I
O C H J D P O R C U
O K O C L I O N A Q
Z B R W X Q Y M T S
```

GIRLS NAMES

```
D P Y K X M T Y G Z
C A K A L A N N G R
H L Z I V A U F E W
A A H K V E P C W
A L I P K A R M F Q
R E P E A O A M C
L B O E A O A M C
O A E S H E W K T A
T S M L O L I V I A
T I A J Z P G K F S
E W K G N I C O L E
```

BOYS NAMES

```
C U R B U T N M I O
S B F V O O A Y D L
E F A N S I O L A E
M R J K L Y Q L N A
A F C L R X N U I H
J A I N C N B C E C
J W E Y Z R K A L I
T H M Z W T C S V M
A L E X A N D E R Q
F U U F O L I V E R
```

FRUITS

```
D K V H N K Y C I H
B A N A N A L R E C
T X A L K E F P O
T L R P A E K L A A
W D K K R P M B R V
J E F C D I P O G O
M A N G O B C L N C
C W Z M R D O O E A
O R A N G E Z P T D
D N C Z P E A C H O
```

VEGETABLES

O	J	Q	W	P	E	P	P	E	R
B	R	O	C	C	O	L	I	L	U
E	G	G	P	L	A	N	T	R	Z
P	O	T	A	T	O	N	E	X	T
M	U	D	V	A	I	B	W	O	C
B	L	J	U	K	M	R	R	V	T
A	G	O	P	U	T	R	N	M	U
E	Q	M	C	A	A	I	N	L	W
P	U	U	W	C	O	N	I	O	N
P	C	Q	L	E	T	T	U	C	E

JOBS

L	Z	R	I	Z	Q	U	E	F	B
M	O	E	V	M	B	S	L	O	Y
U	U	K	J	Y	R	V	Y	A	V
K	B	N	J	U	E	J	C	J	Y
K	G	A	N	P	C	R	M	U	D
R	C	B	I	X	O	W	A	D	O
D	I	R	E	C	T	O	R	G	C
V	M	A	N	A	G	E	R	E	T
P	R	E	S	I	D	E	N	T	O
L	W	E	N	G	I	N	E	E	R

STARTS WITH A 'C'

C	H	I	L	D	R	E	N	N	J
C	R	I	M	E	W	C	Y	T	I
E	C	W	O	J	Z	O	R	H	V
G	C	R	C	L	R	M	O	C	W
E	R	A	A	D	V	P	G	A	Q
L	W	S	N	F	Q	A	E	O	V
L	E	Z	C	C	T	N	T	C	V
O	Z	J	Z	M	E	Y	A	G	N
C	H	O	I	C	E	R	C	U	A
Y	T	I	B	N	I	X	N	Y	Q

ENDS WITH A 'F'

C	J	E	A	I	Y	F	N	U	K
T	A	K	E	O	F	F	V	G	H
H	I	M	S	E	L	F	W	Z	A
S	E	V	S	F	F	S	P	M	P
T	X	O	L	H	C	W	B	A	G
A	F	O	T	V	E	D	P	S	D
F	G	N	O	O	G	R	K	S	V
F	M	O	T	I	F	P	I	I	A
K	F	P	R	O	O	F	G	F	M
H	G	S	P	I	N	O	F	F	M

FAMILY

P H U S B A N D R F
D P S T Z D R X E A
A E O U Z E J R H T
U M N V T B E E T H
G V W S J H I L O E
H Q I D T Q T C M R
T S G O V F I N C F
E S R N K N K U P Q
R B L W I F E O X S
Z R R P E P W O O O

SPORTS

F G O L F O O M H V
B A S K E T B A L L
S S O S J H J G S L
O J H R G X N A L B
C V C B Y I G A S O
C Z N B L P B I X X
E J G C J E N A P I
R U Y M S N Y T T N
R C I A E V T F N G
A N B T H O C K E Y

SCHOOL

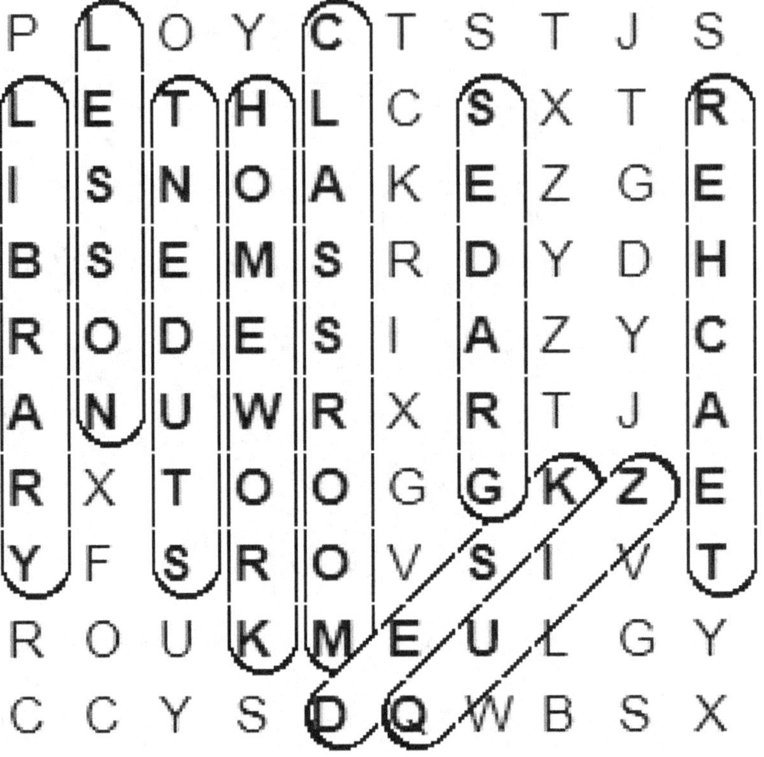

HOBBIES

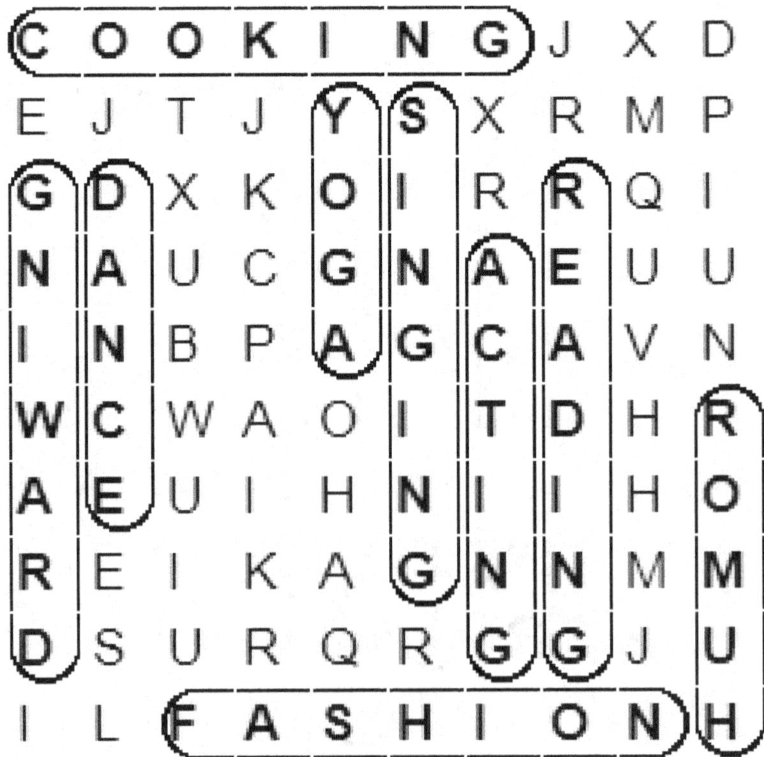

CLOTHES

D	K	S	H	O	R	T	S	X	T	
H	W	K	I	R	R	T	T	Y	I	
P	H	L	F	B	E	R	C	C	U	
Y	W	I	U	K	I	S	O	R	S	
J	K	Y	C	H	U	E	A	E	K	
A	Q	A	S	G	J	O	T	T	C	
M	U	-	H	T	E	H	Z	A	A	
A	T	N	X	F	A	S	F	E	R	
S	L	K	Z	Z	N	R	J	W	T	
Q	B	T	J	I	S	D	P	S	O	

FARM

E	Y	R	W	R	U	R	A	L	N	
L	F	O	G	P	G	T	S	W	O	
T	A	T	R	O	Q	M	O	C	I	
T	R	A	U	Q	A	C	C	R	T	
C	M	V	B	R	Q	T	Q	O	A	
C	E	I	E	A	B	V	Y	T	N	
E	R	T	V	N	H	Z	Q	C	A	
K	D	L	B	C	J	N	X	A	A	
R	D	U	L	H	J	J	J	R	L	
F	H	C	A	V	P	J	B	T	P	

DOUBLE 'E'

STARTS WITH A 'T'

AIRPORT

HOUSE

ASTRONOMY

BODY PARTS

TRANSPORT

H	D	G	P	L	G	U	Y	K	A	
A	E	G	T	P	H	N	A	C	I	
G	M	L	H	I	R	R	S	U	R	
F	E	B	I	B	U	S	T	R	P	
Y	L	C	U	C	T	G	A	T	L	
A	C	L	M	L	O	U	X	V	A	
W	Y	G	P	D	A	P	I	D	N	
B	C	S	I	K	X	N	T	Y	E	
U	I	F	H	W	U	V	C	E	F	
S	B	P	S	S	A	Z	J	E	R	

COLORS

U	K	S	Y	T	J	A	F	K	D	
R	B	C	E	G	I	B	A	W	J	
I	D	U	L	R	N	U	I	H	A	
G	V	E	L	E	D	P	N	R	R	
E	F	G	O	E	E	T	I	U	E	
U	X	N	W	N	L	K	R	N	D	
L	B	A	L	Y	P	C	V	V	K	
B	R	R	T	P	R	A	S	Q	F	
J	Y	O	Z	Y	U	L	J	K	K	
W	H	I	T	E	P	B	N	N	A	

NUMBERS

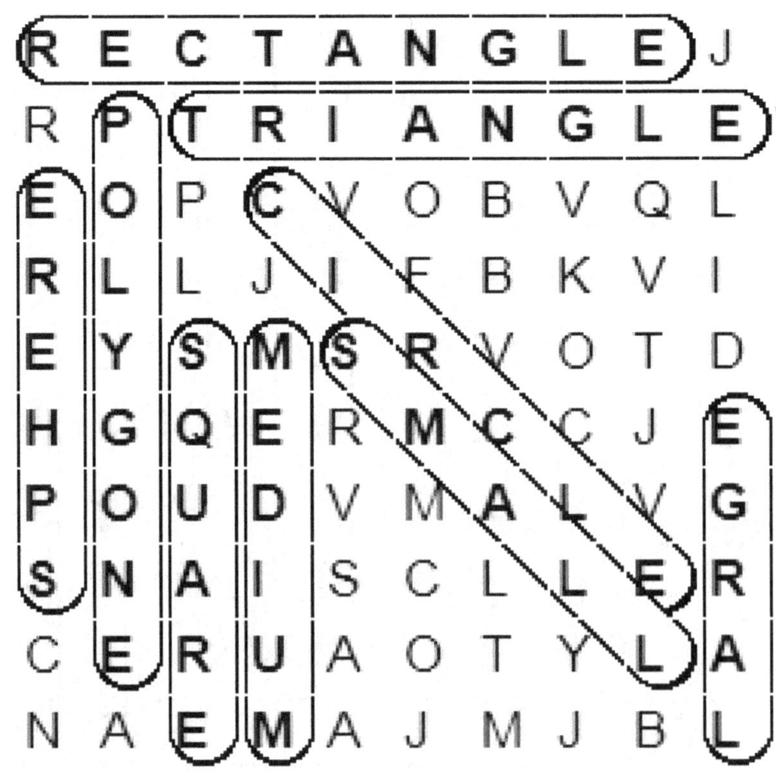

SHAPES & SIZES

BIRDS

ARMY

TRAVEL

```
X  R  P  T  P  R  G  W  F  P
Q  A  U  I  T  X  J  T  L  M
M  W  R  N  K  H  O  N  I  S
O  T  Q  O  M  Z  U  E  G  I
C  R  U  I  S  E  R  M  H  R
L  W  R  T  C  S  N  E  T  U
K  M  V  A  X  S  E  V  O  O
P  L  Z  C  T  R  Y  O  X  T
Q  F  B  A  F  W  S  M  J  Z
Q  N  L  V  K  H  O  T  E  L
```

COOKING

```
N  M  I  C  R  O  W  A  V  E
R  D  M  B  T  I  N  Q  S  V
N  B  G  F  B  H  E  T  D  O
X  L  I  Z  O  X  H  W  A  M
S  F  O  G  R  E  C  I  P  E
A  Z  L  G  E  S  T  M  G  C
L  R  P  A  R  X  I  N  I  H
T  O  O  S  V  I  K  C  U  E
S  T  O  V  E  O  L  Y  B  F
P  S  C  O  O  P  R  L  J  B
```

DOUBLE 'O'

```
D R A G O O N L S N
S H F L O O R P O E
N O Z S H B O C O D
L Y S F S O L O W O
B A M B O O Z O G O
O S R X D G G L O W
B O D O O D L E Q D
B E D R O O M A C A
C W P Y Q U M K B J
V W H J F X E M W D
```

ENDS IN 'ER'

```
P L B E G I N N E R
R A L A O A N W C
E L R V E K U M V O
V H Q T A T R T V M
O E B Q N E T R O P
C P E Z T E Z E N U
G A O P A D R S R T
X O A W S Z U U G E
F H K R E A H Z Q R
C R W M V R P K C Z
```

CAT NAMES

```
V R S I K F M A F B
R E X O D R J A V S
A G O O S C A R X I
B G E D C X I L Z O
M I R X G C R H S G
I T O M Y L A Y B Y
S D K P S E O H T U
U M M B S O H T Z N
N A K M I X I T V Y
S G F J M K T U N Y
```

DOG NAMES

```
T N X V E O H O M D
Z W L M I T H S Y L
D N O T S A D D Q A
K S S M O K D L B R
C C C I R U P O J R
A I A L B K S L Y E
J Q R O R Y R A C D
X Y Y B N B H X U D
Z P E Q N O H E L Y
K N T Z Q T W W C D
```

PARK

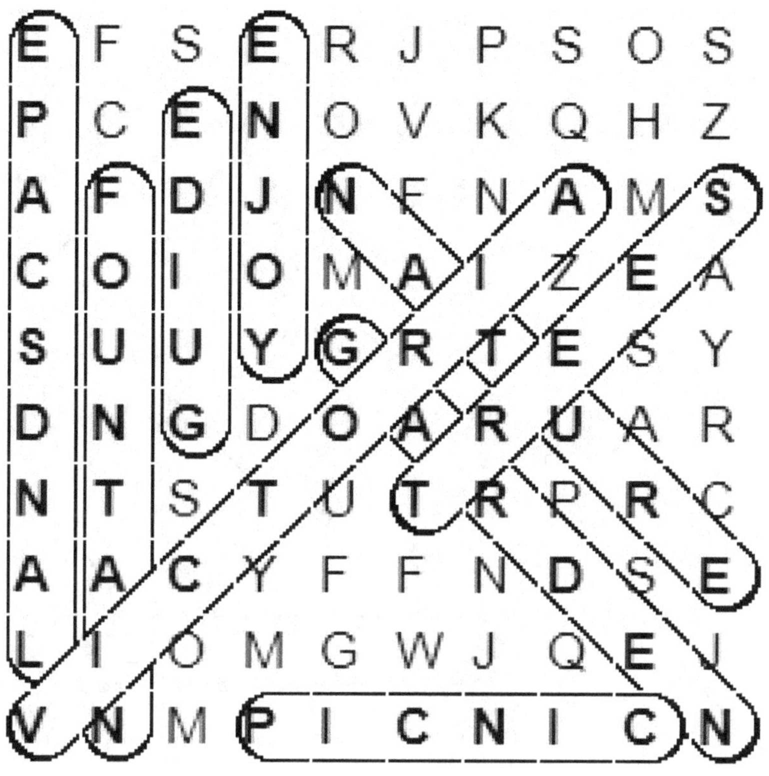

SUMMER

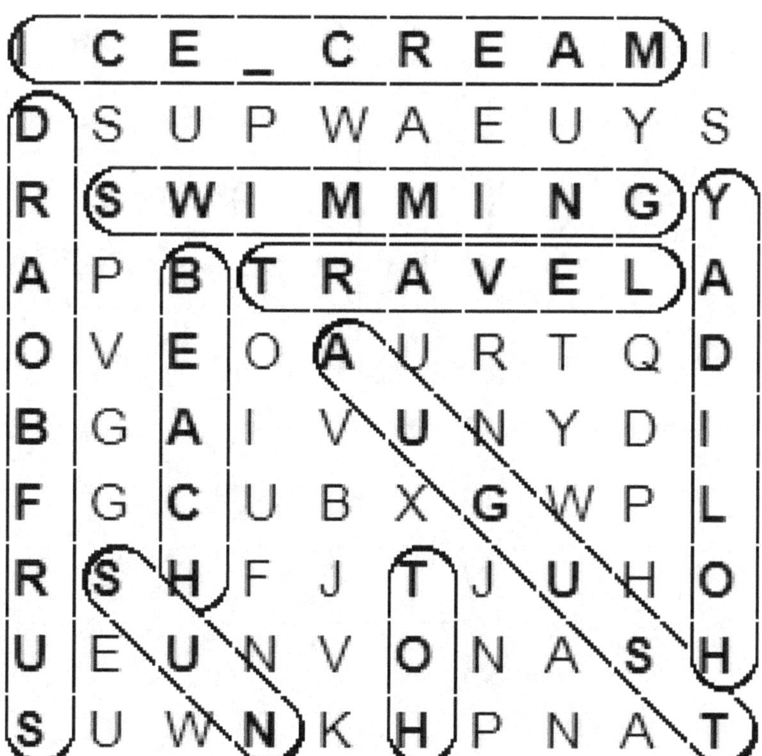

SPRING

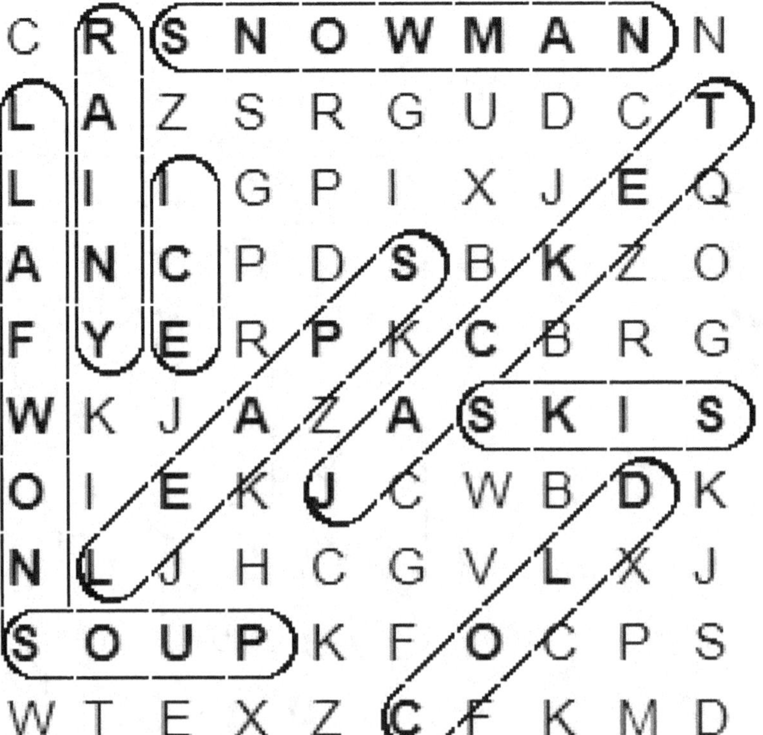

WINTER

ENDS WITH A 'L'

Y R E A L C M B N O
A F E J A Q A R X L
I W B A N Z N V C A
C A U N G P U K A N
L A N Q E E A R A O
O I P I L K L S C I
O D E I M G E M O T
H N A I T A Z A L A
C M P S K A L L D N
S Y D N Q X L L C C

STARTS WITH A 'R'

E R R A Y O N W P C
V E P W U Z O R T O
M F F D Y J B A T L
R L R R D Z C N H R
E E I A E P X D G U
P X I R D G Y O I N
O H X R I L U M R W
R P V L R V O L X A
T U M O K I E J A Y
J B S R V A M R W R

SCIENCE

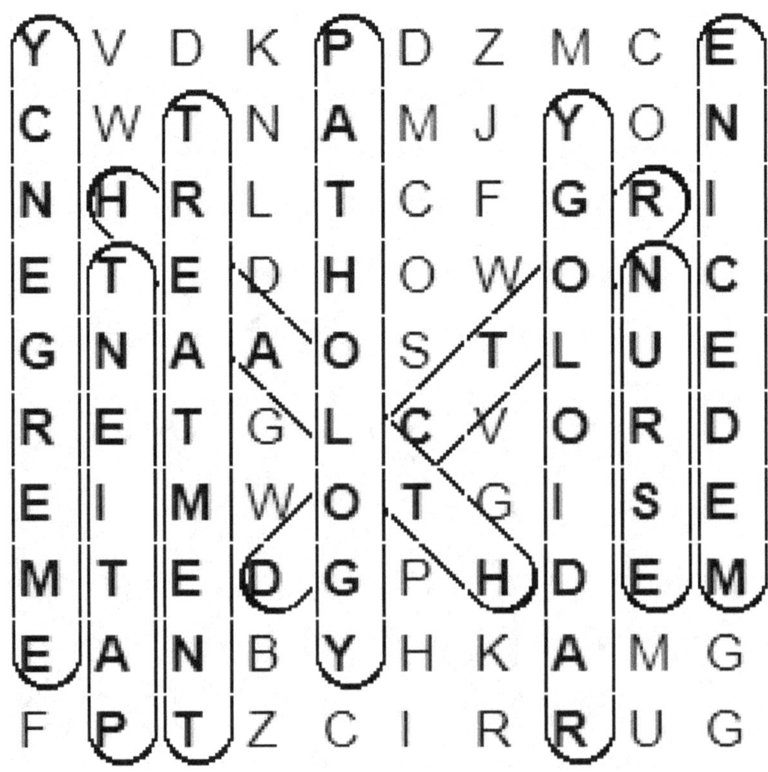

HOSPITAL

SOME US STATES

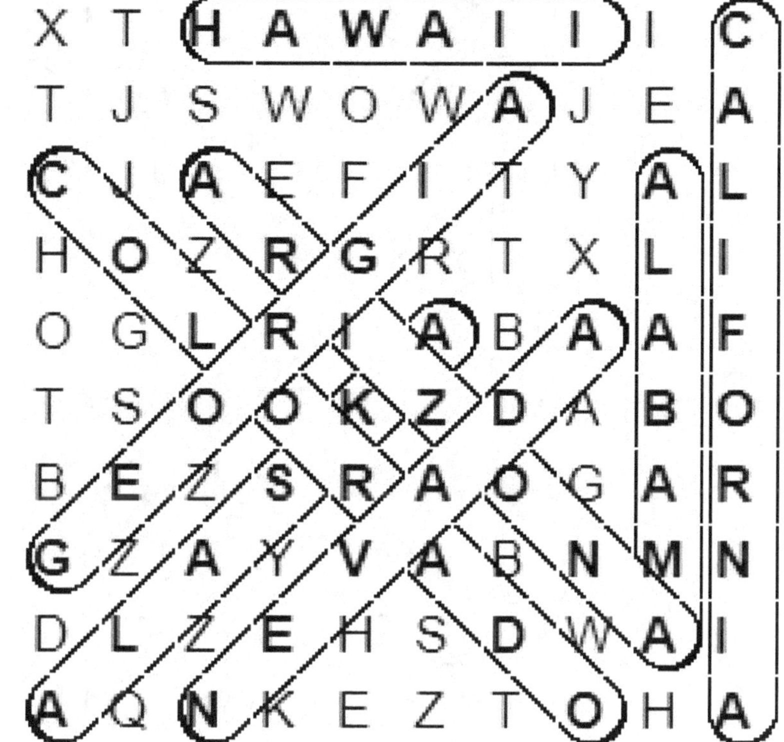

MORE US STATES

About Time

Five Letters Words

SIX LETTERS WORDS

SEVEN LETTERS WORDS

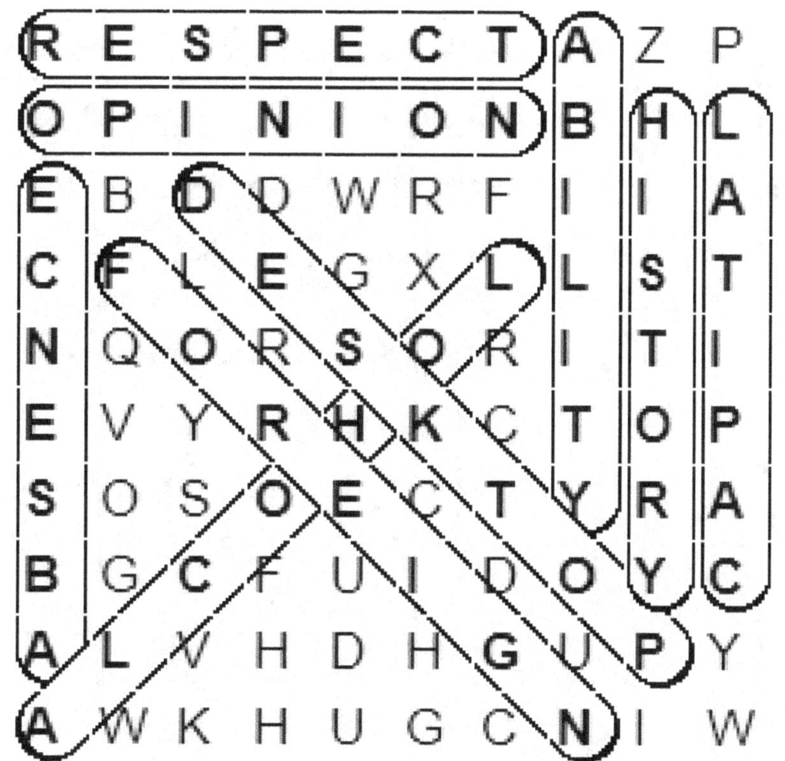

STARTS WITH A 'I'

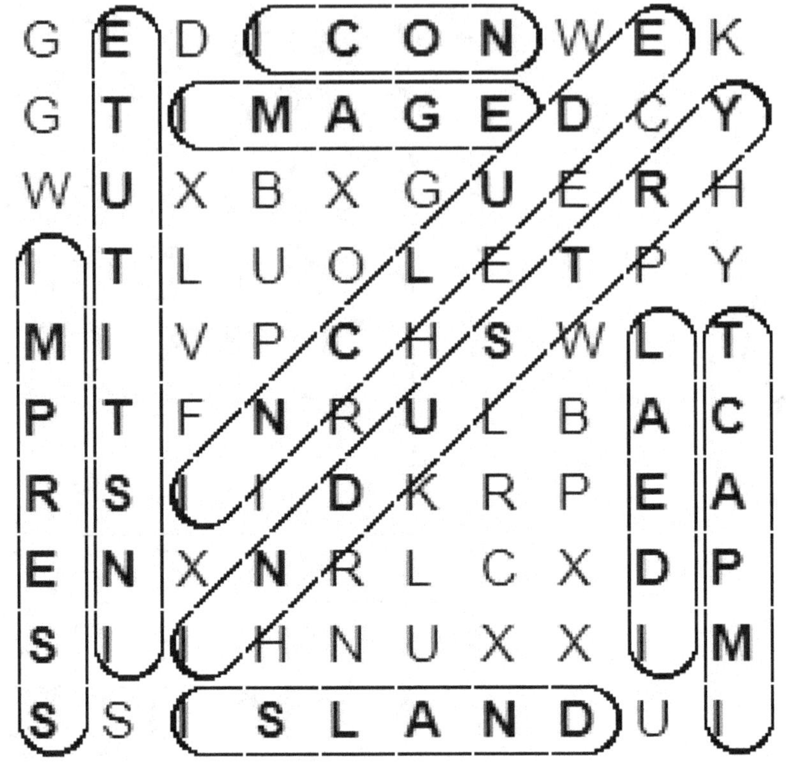

ENDS WITH A 'M'

WEATHER REPORT

```
Y  Y  N  J  R  E  M  M  Z  U  C
X  T  C  B  B  R  N  W  N  N  A
Z  F  F  L  O  Q  Y  C  I  I  T
D  G  S  T  I  W  N  H  A  R  O
C  J  S  U  O  M  T  C  R  R  H
F  L  M  N  N  Y  A  B  H  H  C
F  X  S  Q  W  N  Q  T  H  G  G
C  L  E  A  R  L  Y  U  E  B
Q  T  E  M  P  E  R  A  T  E
R  F  H  C  O  L  D  J  L  B
```

NATURE

```
D  S  A  V  S  B  L  K  W  M
M  R  T  E  W  A  T  E  R  O
N  I  M  G  A  E  C  L  B  U
A  T  O  Q  T  R  T  W  A  N
E  N  S  Z  F  B  T  E  X  T
C  E  P  M  G  J  S  H  B  A
O  G  H  L  A  K  E  S  X  I
W  Y  E  F  T  B  G  C  U  N
Y  X  R  J  H  I  C  X  M  O
L  O  E  R  I  V  E  R  G  C
```

DAYS

S	M	W	A	K	Z	N	A	Y	O
A	T	O	Q	W	J	Z	A	I	R
T	U	V	N	W	K	D	T	S	Y
U	E	W	B	D	I	A	S	O	A
R	S	W	E	R	A	Y	F	V	D
D	D	W	F	E	F	Y	T	R	S
A	A	J	C	L	K	T	Q	T	R
Y	Y	Z	S	U	N	D	A	Y	U
W	E	D	N	E	S	D	A	Y	H
H	O	L	I	D	A	Y	S	P	T

HALLOWEEN

Y	R	K	Z	Z	X	P	M	J	N
Q	Y	D	O	H	Q	U	J	K	S
R	R	R	G	N	L	A	S	A	S
O	A	A	U	N	Y	A	H	N	E
R	C	C	N	Z	M	L	O	P	N
R	S	U	E	J	O	M	R	R	K
O	V	L	T	T	E	M	D	U	R
H	E	A	W	D	A	C	B	G	A
M	A	K	E	-	U	P	T	I	D
S	H	A	D	O	W	S	M	D	E

IN THE JUNGLE

```
N C M I W A S B I F
T A G J J W W G R O
V E G P L E A R A R
B W O C E R M O F E
R E I V A E P U A S
R H F L G Y S T S T
I W U A D E S B G D
A F V T A Q M A X B
L A W O O D S C R I
S S O W N Y O K Q U
```

OLYMPICS GAMES

```
O D M Q Z L J M B T
I W S P O R T E O S
N Q S J V B E D X I
A T H L E T E A I L
T H K S B J N L N V
A U N Z J R Z S G E
T Z G K U F O J V R
I S F K U D C B N X
O T M Q O P L G Z M
N C H A M P I O N E
```

MUSICAL INSTRUMENTS

```
E X E N A P W X O Q
X F G F F S I N H L
O P V G V L D A A C
B R O R R O U B N T
O A I A J A M T E O
E H L T A Y O P E H
S Z I I C G M Z B M
N C N U E U L O U A
Q Z J G R C H R W F
V I L T U J D P K K
```

DRINKS

```
W L L B C O F F E E
A O E E I W Y X E N
T K E M Q L G H C L
E L D Z O X T H I B
R I B I E N V S U Z
U M E D Q E A A J W
C H E B T N Q D J T
N Q R U E I S N E A
S A G U Q W I V E J
A L C O H O L T H F
```

CURRENCY

R	D	I	R	H	A	M	K	R	E
A	J	P	E	S	O	R	A	L	R
L	L	B	O	B	U	G	B	A	P
L	O	M	O	U	A	U	N	F	F
O	R	R	O	T	R	I	O	R	Y
D	U	Q	N	N	D	M	Q	A	X
E	P	E	K	H	E	Q	R	N	K
Z	C	R	G	Y	Q	Y	J	C	F
B	S	Y	I	P	T	J	D	X	O
S	G	Q	G	C	W	G	X	X	U

BABY ANIMALS

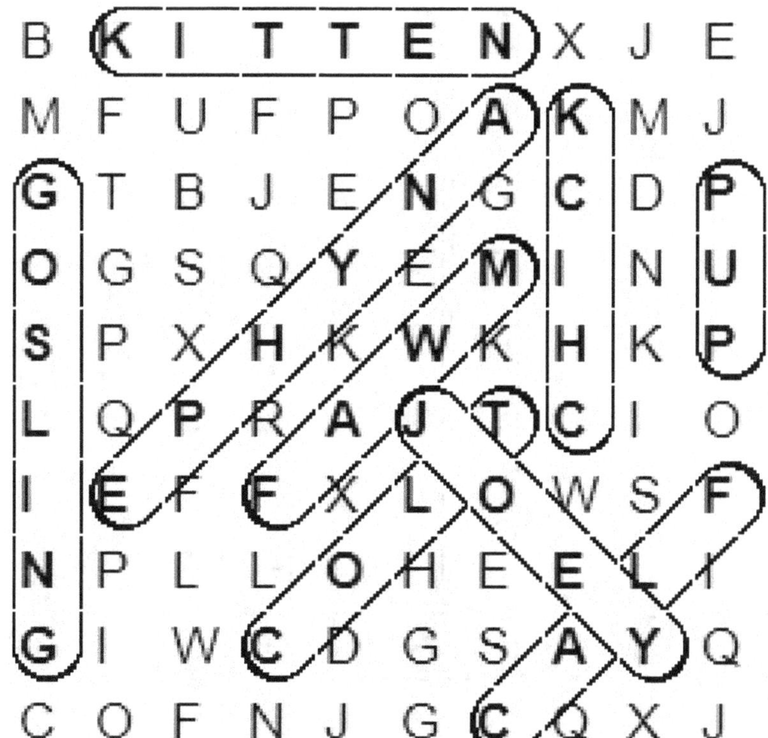

B	K	I	T	T	E	N	X	J	E
M	F	U	F	P	O	A	K	M	J
G	T	B	J	E	N	G	C	D	P
O	G	S	Q	Y	E	M	I	N	U
S	P	X	H	K	W	K	H	K	P
L	Q	P	R	A	J	T	C	I	O
I	E	F	F	X	L	O	W	S	F
N	P	L	L	O	H	E	E	L	I
G	I	W	C	D	G	S	A	Y	Q
C	O	F	N	J	G	C	Q	X	J

PENCIL CASE

ENDS WITH A 'X'

FAMOUS CARS

B A L F A R O M E O
M E R C E D E S T F
P H T C A M A R O I
B O D I V Z B Z D P
S U R E O P Z M E J
T S G S V F O E W A
R K Q A C I J R Z G
F Q O O T H L O O U
W A O Q W T E L J A
E J L O M Z I F E R

WORLD CAPITALS

B E R L I N F H Q K
F F W Y T V I M Y T
N A M S T E R D A M
O S J L C H O I L H
B I P C E K Q U O D
S R X D A G J Q N I
I A P M O W V X D R
L P A L Y S U N O D
R B B G C K D L N A
C M O S C O W O D M

THANKSGIVING

N	P	I	L	G	R	I	M	S	H
R	M	S	U	V	Z	A	B	B	T
O	A	N	F	E	A	S	T	N	H
C	Y	A	A	M	E	R	I	C	A
Y	F	I	V	B	X	E	N	T	N
Q	L	D	W	U	H	I	V	F	K
O	O	N	S	V	X	Z	F	K	F
J	W	I	K	Z	P	I	Y	C	U
C	E	H	A	R	V	E	S	T	L
C	R	U	C	C	O	L	O	N	Y

AT THE CIRCUS

C	E	M	O	N	K	E	Y	S	G
W	D	E	L	E	P	H	A	N	T
J	I	A	D	M	O	J	E	Q	R
J	U	M	R	N	N	R	R	C	A
N	X	G	W	E	I	A	I	U	P
J	O	O	G	W	D	G	I	S	E
N	L	R	H	L	A	E	Y	J	Z
C	Q	G	K	M	E	C	V	P	E
X	I	K	L	M	W	R	L	I	L
H	E	C	K	F	Q	S	K	Q	L

FOOD

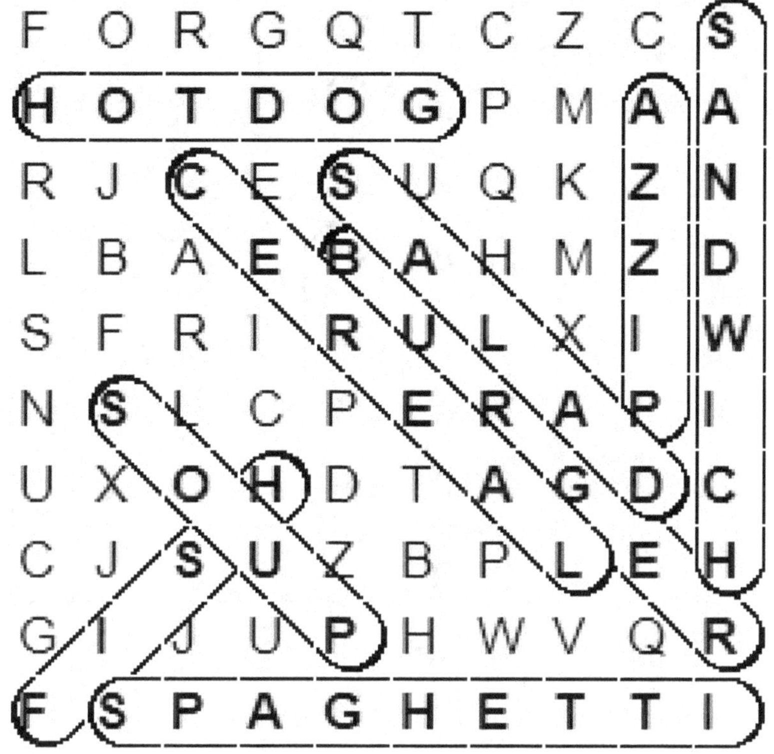

ANIMAL BODY PARTS

INSECT

ELECTRICITY